AF463517

LA FRANCE

ET

LA LIBERTÉ

LA FRANCE

ET

LA LIBERTÉ

PAR

B. SARRANS JEUNE

ANCIEN REPRÉSENTANT

PARIS
E. DENTU, LIBRAIRE-ÉDITEUR
PALAIS-ROYAL, 13, GALERIE D'ORLÉANS.

1861

PARIS
IMPRIMERIE DE L. TINTERLIN ET Cᵉ
RUE NEUVE-DES-BONS-ENFANTS,

LA FRANCE ET LA LIBERTÉ

Depuis un mois une grande préoccupation domine et agite les esprits. On dirait un de ces moments solennels où va se résoudre le problème des destinées d'un grand peuple. Un rayon, faible encore, mais enfin un rayon d'espoir, pénètre et dilate les âmes généreuses que l'absence de la liberté tient depuis longtemps glacées et muettes. Un frisson d'effroi se glisse, au contraire, dans le cœur des hommes qui ne conçoivent ou affectent de ne concevoir la sécurité des États, le repos et la prospérité des nations que dans le silence et l'immobilité.

De quoi donc s'agit-il? Pourquoi ces joies timides d'un côté, ces frayeurs hypocrites de l'autre? Il s'agit de certaines mesures gouvernementales qui semblent promettre à la France une transformation ascendante et un état de société plus conforme à sa grandeur et à sa fonction dans le monde.

On voit que nous voulons parler du décret du 24 novembre et des deux circulaires de M. le ministre de l'intérieur, trois actes considérables, sinon par leur caractère, du moins par leurs tendances.

La discussion restant ouverte, nous venons, nous aussi, hasarder quelques observations sur cet événement inattendu. Néanmoins, le temps et l'espace nous manquant pour en sonder les profondeurs, nous nous bornons aujourd'hui à en parcourir les surfaces.

A nos yeux, il est un point qui doit toujours être placé en première ligne de ce qui intéresse l'espèce humaine : l'indépendance de la pensée et la liberté de la parole. Commençons donc par examiner la théorie de M. le ministre de l'intérieur en matière de presse, ainsi que la thèse historique au moyen de laquelle ce haut fonctionnaire s'ingénie à prouver que, si le moment d'émanciper la tribune est arrivé, celui d'affranchir les journaux politiques n'est pas encore venu.

La liberté de la tribune et la liberté de la presse constituent pour

ainsi dire une concomitance nécessaire, un tout divisé en deux parties qui ne peuvent fonctionner l'une sans l'autre. C'est là une vérité si absolue et si évidente qu'il serait puéril de chercher à la démontrer. Cependant, tandis que le décret du 24 octobre investit le Sénat et le Corps législatif de l'indépendance sans laquelle toute représentation nationale n'est qu'un vain simulacre, la circulaire ministérielle, pleine d'ailleurs d'aspirations libérales, ne restitue à la presse qu'une liberté de tolérance, précaire, indéterminée, sans droit acquis, sans autre garantie que la parole d'un homme dont la puissance d'aujourd'hui peut s'évanouir demain. Si sincère qu'il soit, le libéralisme d'un ministre ne constitue pas un système de gouvernement. Loin de nous la pensée que l'auteur de la circulaire ait voulu semer des piéges sous les pas de la presse, en la poussant dans les voies d'une expérience dangereuse. L'œuvre de M. le ministre de l'intérieur respire, au contraire, un parfum d'honnêteté qui suffirait pour attester que M. de Persigny attache à l'émancipation conditionnelle des journaux, non-seulement l'importance d'une question politique, mais aussi l'intérêt d'un sentiment particulier. Toutefois, nous le répétons, l'autorité ministérielle est fragile de sa nature, subordonnée aux oscillations de la politique, aux caprices des volontés dominantes, au jeu des événements, et il se pourrait que la presse, avant de s'aventurer, dît, comme Fontenelle : « Je ne crois pas aux revenants, mais j'en ai peur; » ou bien qu'elle pensât, avec Malesherbe, que « personne n'est assez grand pour être à l'abri de la haine d'un ministre, ni assez petit pour n'être pas digne de celle d'un commis. » Pour parler plus simplement, M. de Persigny n'est, que nous sachions, ni immortel, ni inamovible. Si donc, chose qui n'est pas absolument impossible, il advenait que son successeur ne se trouvât pas, comme lui, affranchi des passions et des faiblesses de l'humanité, ou qu'il fût, par hasard, vindicatif et injuste, quel serait le sort des journaux qui, forts des intentions de M. de Persigny, se seraient résolûment lancés dans une polémique hérissée d'écueils?

Quoi qu'il en soit, M. le ministre de l'intérieur adjure la presse de dépouiller hardiment les craintes exagérées qui depuis huit ans gênent son essor, paralysent son patriotisme et lui font désapprendre son rôle dans le mécanisme représentatif. « Que par vous, lui dit-il, les abus « dans la société ou dans le gouvernement soient mis au jour, que les « actes de l'administration soient discutés, que les injustices soient ré- « vélées, que le mouvement des idées, des sentiments et des opinions « contraires vienne éveiller partout la vie sociale, politique, commer- « ciale et industrielle : qui pourrait raisonnablement s'en plaindre ? »

Parler ainsi c'est reconnaître implicitement que la liberté de la presse est une liberté mère qui étaye toutes les autres libertés, qui atteste la vie politique des nations, qui donne du ressort à l'esprit, de la fierté à l'âme, de l'énergie au langage, de la dignité à la société, de l'éclat et de la force aux gouvernements ; qui agrandit sans cesse l'intelligence publique, et fait en définitive régner la raison et la justice sur les débris des théories malsaines et des factions ennemies.

Telle serait en effet la mission d'une presse libre, mais il n'y a de liberté possible que dans le droit commun. Or, le décret organique de 1852, dont M. le ministre de l'intérieur veut oublier l'esprit en conservant la lettre, ce décret, qualifié par lui-même d'arbitraire et de dictatorial, étouffe la presse sous une législation à laquelle chacun doit son obéissance, mais non pas son approbation ; une législation unique dans les fastes du gouvernement représentatif, et qui, loin d'encourager la pensée aux hardiesses qui lui sont conseillées, l'intimide, la trouble, la désespère et la tue.

Ce n'est point en maintenant la presse garrottée dans les liens multiples de l'autorisation, du cautionnement, du choix de ses rédacteurs en chef et de ses directeurs, effarée et pantelante sous le feu croisé de trois juridictions distinctes : la juridiction administrative, la juridiction correctionnelle, la juridiction souveraine, maîtresses les unes et les autres de se saisir d'un même délit, de l'interpréter en sens inverse et de le frapper de pénalités différentes ; ce n'est point ainsi qu'on rendra à la presse politique la confiance en soi, la sécurité, l'élan, l'élasticité, la force et l'influence qui lui seraient indispensables pour répondre aux besoins d'une situation toute nouvelle. Que le régime sous lequel elle se débat depuis huit ans fût exigé par la nécessité des circonstances au milieu desquelles elle naquit, c'est ce que nous n'avons pas à discuter; mais que ce régime n'expire point au seuil d'une situation normale, c'est ce qui ne peut s'expliquer, ce nous semble, que par une appréciation inexacte des choses du passé, du présent et de l'avenir, par une assimilation erronée et confuse de faits historiques, d'intérêts, de principes et de pratiques gouvernementales qui manquent essentiellement d'affinité et de concordance.

Abordons les considérations qui, suivant M. le ministre de l'intérieur, justifient le maintien d'une loi dictatoriale, restant seule debout en face du droit commun rendu ou promis à la France.

Que le décret organique du 27 février soit un instrument exceptionnel et arbitraire, M. de Persigny l'avoue hautement, et il fait bien. Avant lui, un ministre de la Restauration le déclarait du haut de la tribune : « Nul inconvénient n'est plus grand que l'arbitraire dé-« guisé, introduit dans un gouvernement libre. C'est alors véritable-« ment la corruption de toutes les institutions. Au contraire, l'arbi-« traire nettement exprimé peut être un remède nécessaire dans les « grands périls (1). »

Mais le grand péril qui pourrait nécessiter l'application du décret réservé par M. le ministre de l'intérieur, où réside-t-il? Ce ministre l'entrevoit dans l'hypothèse où la presse, débarrassée de ses entraves actuelles, se montrerait hostile à la dynastie fondée et au régime établi par le suffrage universel. Alors, mais alors seulement, M. de Persigny s'armerait de l'instrument exceptionnel que la loi des avertissements met à sa disposition, et « il ne reculerait devant aucune responsabilité pour interdire à la presse les attaques contre l'État, de quelque prétexte et de quelle autorité qu'elle se couvrissent. » Hors de là, les partis et les écrivains respectant la volonté du peuple français, « ont de fait et de droit la liberté de la presse comme en Angleterre, et la loi des avertissements devient une lettre morte. »

Quant à nous, sans nous préoccuper de la question de savoir si l'hypothèse alléguée dans la circulaire ministérielle appartient ou n'appartient pas à une bonne politique, nous ne croyons point au danger contre lequel on se prémunit, parce que nous sommes convaincu de deux choses, à savoir : 1° que la presse nationale respectera

(1) *Moniteur* du 9 mars 1820. — Discussion sur la suspension de la liberté individuelle

toujours et religieusement la volonté du peuple français ; 2° que si, contrairement à toutes les probabilités, le cas prévu par M. le ministre de l'intérieur venait à se manifester, une loi édictée dès à présent contre un délit défini et déterminé, serait infailliblement plus efficace et plus respectée qu'un texte exceptionnel et facultatif. Si rigoureuse et impitoyable que fût cette loi, ce serait une loi de droit commun, une loi émanée de la nation, et d'autant mieux accueillie qu'avec elle la liberté de la presse cesserait d'être une superfétation qui, suivant les circonstances, peut disparaître de nos institutions ou s'y ajouter. Supposez-la si redoutable que vous le voudrez, la loi c'est l'expression de la volonté du pays, c'est le droit général obligeant la société tout entière, tandis que, pour nous servir des paroles de Sièyes : « La force qui parvient à opprimer la faiblesse produit effet sans produire obligation. »

Toujours est-il que le maintien du décret de 1852 a principalement pour objet de défendre contre ses ennemis politiques, la nouvelle dynastie qui règne sur la France, de favoriser la fusion des partis dans la grande famille de l'État, et de hâter ainsi le moment où le pays pourra, sans danger, être rendu à toutes les jouissances de la liberté. Indépendamment de ces intérêts primordiaux, M. le ministre a un autre motif pour conserver le pouvoir exceptionnel que le terrible décret confie à sa prudence. Il veut, en la préservant de ses propres écarts, protéger la presse qui malheureusement « rencontre chez nous tant d'ennemis, excite tant d'inquiétudes et présente tant de dangers.» Il veut enfin qu'elle trouve toutes naturelles les limites apportées à son indépendance, en songeant à l'extrême rigueur de la législation qui régit depuis des siècles la presse britannique, et qui lui impose aujourd'hui les mêmes restrictions, les mêmes liens, les mêmes sévérités qui l'étreignaient il y a deux cents ans. « Vraiment, dit M. de « Persigny, quand on étudie la législation de la presse anglaise de-« puis l'avénement de la maison de Hanovre, on est frappé tout d'a-« bord de son extrême rigueur. Les passions du temps, la lutte « ardente entre les partisans des deux dynasties rivales et des deux « religions en antagonisme, semblent d'abord expliquer cette terrible « législation ; mais quand nous arrivons à l'époque actuelle, où rien

« ne subsiste des passions du dernier siècle, et que cependant nous « voyons la législation nouvelle inspirée du même esprit de sévérité, « des mêmes préoccupations politiques et interdisant aussi absolu- « ment les mêmes choses, on ne peut s'empêcher d'être frappé du « contraste qui se remarque entre l'extrême liberté dont jouit, à nos « yeux, la presse anglaise et la rigueur des lois qui la régissent. »

A ce propos, M. le ministre de l'intérieur ne conçoit pas que depuis si longtemps il soit d'usage sur le continent d'invoquer l'exemple de l'Angleterre, non-seulement pour réclamer les grandes libertés dont jouit la presse anglaise, mais aussi pour se prévaloir d'autres libertés que la plus sévère et la plus rigoureuse législation interdit à cette dernière. Puis, appelant, un peu idéalement, il est vrai, l'histoire à son secours, M. le ministre nous apprend que, pendant tout le temps que la maison de Hanovre eut à l'intérieur des ennemis politiques ou religieux, les juges de la couronne, libres d'interpréter à leur guise les traditions judiciaires du passé, avaient et exerçaient le droit de condamner toutes les personnes coupables d'avoir composé, publié ou imprimé un libelle séditieux contre le trône ou contre l'État, non-seulement à l'amende, à la prison, au fouet ou au pilori, mais même à la peine de mort.

Si M. le ministre de l'intérieur s'était donné la peine de remonter un peu plus haut dans le passé de cette législation aussi féroce que vivace (puisqu'on la retrouve dans toutes les collections des lois et coutumes de la Grande-Bretagne), il eût pu ajouter la mutilation à l'effrayante nomenclature des châtiments qu'il voit toujours suspendus sur la tête des écrivains anglais. Par exemple, il nous aurait montré la fière Élisabeth faisant couper le poing droit d'un écrivain du temps, pour avoir osé médire des appas de Sa très-gracieuse Majesté, et cela, en vertu sans doute d'un statut qui défendait de toucher à la reine, même avec une plume ou une idée. Dans un autre ordre de choses, nous saurions, grâce aux recherches de M. de Persigny, que Marie faisait très-légalement juger les hérétiques par des conseils de guerre, qui les envoyaient non moins légalement à la potence ou au bûcher ; qu'une loi normande, soigneusement conservée, permettait aux juges de la couronne de faire crever les yeux à quiconque tuait un cerf, un sanglier ou même un lièvre, et cela, dit Hume, dans un temps où le meurtre d'un homme restait impuni, moyennant une légère amende; que c'était aussi aux termes d'une loi non encore rapportée, qu'un mari exposait sa femme au marché public, la corde au cou, et la vendait au plus offrant et dernier enchérisseur; qu'il existe, pour quelques anciens bourgs, une coutume, *lex non scripta*, en vertu de laquelle le plus jeune des fils doit hériter du titre et de la fortune du père, par la raison que, dans les temps féodaux, le seigneur de l'endroit jouissant du droit de partager le premier la couche des nouvelles mariée, ses vassales, l'aîné était supposé illégitime (1). Cependant nous ne sachons pas que, vu la survivance de toutes ces reliques judiciaires, il existe en Angleterre un seul journaliste qui craigne de perdre son poingt droit pour avoir émis une opinion plus ou moins orthodoxe sur les charmes de la reine Victoria, ni un chasseur qui appréhende de tirer sur un lièvre de peur d'avoir les yeux crevés par le bourreau, ni une épouse qui redoute d'être vendue à l'encan, ni un fils aîné qui coure le risque de perdre son droit de primogéniture, par cela même qu'il fut le premier fruit de l'hymen de ses auteurs.

Eh bien! il en est de la vieille législation anglaise sur la presse, comme des vieilles ordonnances, décrets et règlements émanés de l'ancienne royauté française ou de la révolution, ordonnances et décrets qu'aucune loi ultérieure n'a formellement abrogés, mais que le temps, les mœurs et la civilisation ont mis à néant. Sous le règne de Louis-Philippe, il se trouva un magistrat assez abandonné de Dieu pour oser, après une insurrection où le sang avait coulé, exciper d'une ordonnance caduque, afin de contraindre les médecins de Paris à lui livrer les insurgés blessés qui s'étaient confiés à leur loyauté. Il arriva ce qui devait arriver : les médecins protestèrent énergiquement contre l'insulte faite à leur profession, et un cri de la conscience publique étouffa les prétentions surannées du préfet de police. C'est aussi, n'en doutons pas, ce que feraient les Anglais, s'il se rencontrait parmi eux un officier de la couronne qui eût l'audace d'invoquer con-

(1) Voir l'ouvrage de lord *Giffort*, publié en 1824, sur les lois en vigueur en Angleterre

tre la presse actuelle une législation qui ne vit plus que dans l'histoire comme un monument de barbarie.

Selon M. de Persigny, la législation de la presse, imperceptiblement modifiée après l'anéantissement complet des Stuarts, conserva longtemps encore son caractère primitif et ses rigueurs impitoyables. Elle paraissait n'avoir qu'un objet : « défendre la nouvelle dynastie contre « ses ennemis et interdire, au nom de la liberté, en quelque sorte, les « armes et les instruments de la liberté aux adversaires des nouvelles « institutions. » On fit plus, à la place de la censure qui existait sous Guillaume d'Orange, le régime de la presse fut soumis au *common law*, loi non écrite, c'est-à-dire que les juges de la couronne eurent, de plus belle, la faculté de s'affranchir de la loi écrite et votée par le Parlement, et d'infliger à la presse tous les châtiments dont l'exemple se retrouverait dans les coutumes du passé, et dont leur conscience approuverait l'application au présent. Or, ajoute avec raison M. le ministre de l'intérieur, si l'on songe que ces juges, nommés par la couronne, étaient choisis parmi les plus zélés partisans de la maison de Hanovre, et même révocables jusqu'en 1760, on ne peut s'imaginer ce que dut être la liberté de la presse pour les partisans des Stuarts, pour les jacobites, pour les catholiques et autres ennemis de l'État.

M. le ministre de l'intérieur fait remarquer que ce ne fut qu'à la fin du dernier siècle, quand déjà la maison de Hanovre était consolidée, le parti des Stuarts anéanti et celui des catholiques dompté, que Fox obtint un bill du Parlement, appliquant le verdict du jury non plus au fait seul de la publication de l'écrit incriminé, mais aussi à son caractère séditieux. Toutefois, vingt ans plus tard, le jury anglais usant trop largement de ce bill pour empêcher les juges d'appliquer aux délinquants la législation du *common law*, le Parlement n'hésita pas à rendre une nouvelle loi qui condamnait à l'amende, à l'emprisonnement et, en cas de récidive, au bannissement, l'auteur, l'éditeur et l'imprimeur de tout écrit ou libelle séditieux contre le roi, le régent, le gouvernement, la constitution et l'une ou l'autre des deux Chambres. « A l'aide de ces dispositions tellement détaillées, tellement précises, ajoute M. de Persigny, il n'était presque plus possible à la conscience du jury de se dérober aux nécessités de l'État. »

Néanmoins, en 1848, la conscience du jury faillissant de nouveau à la politique ministérielle, « on sentit la nécessité de préciser encore « plus clairement, plus minutieusement les attaques dont l'État pou- « vait être l'objet, et une nouvelle loi vint enrichir le terrible arsenal « de la législation anglaise sur la presse. »

Cette fois, toujours d'après M. le ministre de l'intérieur, le succès est complet, l'arme a été *si finement aiguisée* qu'elle triomphe du jury Irlandais lui-même, et que, sur son verdict, deux journalistes, coupables d'écrits séditieux, sont condamnés à quatorze ans de transportation avec travaux forcés. Disons-le tout d'abord, il y a ici une erreur de fait. John Mitchell et John Muchin, qui d'ailleurs ne tardèrent pas à être graciés et rapatriés, ne furent pas condamnés seulement pour écrits séditieux, mais aussi et surtout pour avoir appelé l'Irlande aux armes et participé de leurs personnes à un mouvement insurrectionnel. Or, ces faits étant établis et hautement avoués par les accusés eux-mêmes, la peine de la transportation ne s'adressait plus à des écrivains, mais à des citoyens convaincus de haute trahison. La preuve, c'est que la transportation avec travaux forcés ne figure pas dans la catégorie des peines infligées par le bill en question aux auteurs de tout écrit séditieux contre le roi, le régent, le gouvernement, la constitution et l'une ou l'autre des deux Chambres.

Après avoir exposé la législation draconienne qui pèse encore aujourd'hui sur la presse britannique, et reconnu que le gouvernement anglais n'en n'obtient l'application accidentelle qu'à l'aide *d'expédients judiciaires* conformes au génie de la race anglo-normande, M. le ministre de l'intérieur pose et résout cette effrayante question: « Si ces *expédients* ne réussissaient pas, l'Angleterre reculerait-elle « devant des théories? Non certainement. Toujours fidèle à son grand « principe, qu'avant d'être un peuple libre il faut être un peuple uni; « qu'avant d'être un État libre, il faut être un État fort, l'Angleterre, « qui n'a reculé devant *rien* quand il s'agissait de défendre, dans le « dernier siècle, la dynastie de son choix, ne reculerait pas davan- « tage aujourd'hui, si un nouveau péril menaçait l'État. »

En résumé, de l'esprit de la législation anglaise sur la presse, tel que le comprend M. le ministre de l'intérieur, il résulterait qu'en principe général la liberté de la presse ne peut que suivre et non pas précéder la consolidation d'une nouvelle dynastie et d'un nouvel ordre de choses; que la presse anglaise ne jouit de l'immense liberté que l'Europe lui envie, que parce qu'elle s'est toujours conformée à ce principe et que, placée de tout temps sous la plus rigoureuse des législations pénales, elle ne s'est jamais attaquée ni au roi, ni à l'État, ni aux institutions du pays, ni à l'une, ni à l'autre des deux branches du pouvoir législatif; qu'elle ne s'exerce qu'au profit de tout ce qui est un avantage et non pas un danger pour la dynastie et l'Etat; que, si elle méconnaissait ce devoir, non-seulement sa grande liberté, mais toute liberté lui serait immédiatement ravie; qu'en fait, le régime des avertissements, si impatiemment supporté par la presse française, considéré comme mesure exceptionnelle et subordonné à l'établissement d'un nouvel ordre de choses, est plus franc, plus sincère, plus tolérable, plus conforme aux mœurs et à la situation de notre pays, que la législation qui régit la presse anglaise et les expédients judiciaires que nécessite son application; enfin, que dès que la presse française se sera pénétrée, par une pratique plus ou moins longue, des ménagements, du respect et de l'appui qu'elle doit au trône, à la dynastie nouvelle, au nouveau droit public de la France et aux grands intérêts de l'État, la loi des avertissements ne sera plus seulement une lettre morte, mais une lettre effacée de nos codes.

Ne préjugeons pas l'avenir, et ne nous occupons aujourd'hui que de la liberté de la presse en Angleterre, de ses vicissitudes écoulées et de ses conditions présentes. M. le ministre de l'intérieur a dit son sentiment à ce sujet; voici le nôtre.

Quelques lignes seulement sur le côté historique de la question. Peu d'années s'étaient écoulées depuis l'invention de l'imprimerie, lorsque cette grande découverte pénétra en Angleterre, où elle tomba d'abord sous la domination des prêtres catholiques. Pendant près de deux siècles, elle resta l'apanage exclusif des cloîtres. Elle y servait à la reproduction d'ouvrages de théologie et d'histoire, seules branches des sciences humaines que comportassent peut-être les goûts et les institutions de l'époque. Vers le commencement du seizième siècle, quelques hommes parurent qui, revendiquant leurs droits naturels, osèrent professer hautement des opinions que les Allemands et les Hollandais avaient déjà propagées dans l'ombre et le silence. Ce fut pour les Anglais l'aurore de la liberté de la presse. Cette liberté eut encore longtemps à lutter contre les préjugés, l'ignorance et le fanatisme ; cependant, grâce au courage des premiers ministres de la réformation, elle avait trouvé un asile sûr en Angleterre, où elle conquit bientôt un ascendant que nulle puissance, nul effort ne purent détruire. Toutefois elle ne se développa avec indépendance et sécurité que lorsque la réforme eut triomphé et que le principe de la liberté civile se fut identifié avec le principe déjà admis de la liberté religieuse.

Depuis l'établissement de la réforme, la législation qui régit la presse britannique (*the libel law*), a été sans doute l'objet d'innombrables et ardents débats. Mais, chose digne de remarque et trop peu remarquée par M. le ministre de l'intérieur, les parlements les plus éhontés, les instruments les plus serviles des volontés de Henri VIII et d'Élisabeth, de Jacques Ier, de Charles Ier, de Charles II et de Jacques II, n'osèrent jamais, même au milieu des saturnales de la tyrannie, porter une loi ostensiblement destructive de la liberté de la presse. Quand la Chambre étoilée se trouva abolie, quelques ordonnances de cet odieux tribunal furent renouvelées. Même après l'avénement de Guillaume au trône d'Angleterre, on jugea nécessaire d'en maintenir certaines dispositions. Mais le dernier renouvellement ayant expiré en 1694, le Parlement, dominé par l'opinion publique, refusa de les remettre en vigueur. Dès ce moment, la liberté de la presse resta pleine et entière, en ce sens du moins que la répression de ses délits ne put être poursuivie que devant le jury. Forte désormais de son droit, elle fit de rapides progrès pendant la fin du dix-septième et le commencement du dix-huitième siècle ; mais ce ne fut guère qu'à l'époque des premiers troubles de l'Amérique septentrionale, que la presse périodique prit tout son essor et conquit sa grande importance. A dater de ce jour, les feuilles quotidiennes, les feuilles hebdomadaires, les pamphlets et les brochures politiques deviennent une nécessité universelle. Les écrivains qui n'ont fait encore que des homélies, s'attaquent hardiment à la politique, aux hommes du pouvoir et à toutes les branches de l'administration, qu'ils soumettent à la plus sévère censure. Les débats des deux Chambres, qui, précédemment, n'étaient qu'indiqués dans les journaux, y sont rapportés *in extenso*, nonobstant la loi qui interdisait, et est encore censée interdire l'accès du Parlement aux journalistes. Qui ne sait d'ailleurs avec quel infatigable acharnement la presse attaqua le gouvernement au milieu des plus grandes crises de la guerre entre la mère-patrie et ses colonies soutenues par les sympathies et les armes de la France.

Vint ensuite la révolution française, qui entraîna la Grande-Bretagne à deux doigts de sa perte. Les radicaux en armes, l'Irlande soulevée et appelant l'étranger à son secours, la flotte révoltée, les villes manufacturières en insurrection, de formidables associations surgissant sur tous les points de l'Empire, la violence de la presse ne connaissant plus de bornes, l'alarme générale, la vie du roi menacée, les ministres honnis et conspués, tout cela nécessitait de grandes mesures de salut public. L'*Habeas corpus* fut donc suspendu et les agents de la couronne mirent en question, non pas l'attribution des délits de la presse au jury, — ils ne l'auraient pas osé, — mais seulement le point de savoir si, en matière de libelle, les jurés pourraient prononcer à la fois sur le droit, le fait et l'intention. Les douze juges du royaume, extraordinairement consultés par la Chambre des lords, furent naturellement d'avis qu'à eux seuls appartenait le droit de décider ce qui caractérisait ou ne caractérisait pas le libelle. Mais un acte du Parlement, dû à la patriotique éloquence de Fox et d'Erskine, fit triompher le droit des jurés, aux applaudissements de la nation entière.

Si donc le gouvernement anglais a tenté quelquefois de gêner le développement de la presse par des *expédients judiciaires* ou par des exigences fiscales, il n'a du moins jamais osé la menacer dans son existence, ni dans le libre exercice de ses franchises traditionnelles. Il est même à remarquer que les entraves fiscales n'ont jamais été imposées à la presse anglaise que par des ministres ennemis de toutes les autres libertés du pays. Au contraire, chaque fois que le pouvoir est revenu aux mains d'une administration indépendante et éclairée, celle-ci s'est invariablement montrée favorable à la liberté de la presse. C'est ainsi que, sous le ministère Canning, le chancelier de l'échiquier, lord Goderich, déclarait en plein Parlement qu'un impôt sur la pensée n'est pas moins odieux qu'un impôt sur l'administration de la justice.

Les mesures les plus acerbes que les dangers de l'Angleterre, tels que la crise de 1819, les troubles sanglants qui éclatèrent au sujet du procès et des funérailles de la reine et la conspiration de Tilsewoh, arrachèrent au Parlement, se réduisent à la loi *des six actes*, laquelle augmentait d'un demi-sou l'impôt sur le timbre, et portait que nul citoyen ne serait admis à publier un journal sans avoir fourni, par lui-même ou par son éditeur, un cautionnement de 300 liv. ster. (7,500 francs), pour garantir que ses articles ne seraient *ni séditieux ni blasphématoires*. Cependant, au moment où cette loi fut rendue, le sang venait de ruisseler dans les rues de Londres, une émeute de vingt mille prolétaires était descendue de Manchester dans la capitale; la violence de la presse (et nous ne l'en félicitons pas) avait secoué toute pudeur, les Trois-Royaumes retentissaient de clameurs, de plaintes et de menaces. Eh bien ! la tempête se dissipa et le calme revint, sans qu'une seule voix dans le Parlement ou ailleurs eût osé s'écrier : *caveant consules !*

Enfin, dans une période de quatre-vingts ans, la plus semée de troubles, d'agitations et de grands périls intérieurs et extérieurs, on ne compte, pour toute la Grande-Bretagne, que trois ou quatre actes de sévérité contre la presse périodique : en 1798 M. Parry, rédacteur du *Courrier*, journal alors ultra-radical, condamné à 1,000 liv. ster. (25,000 fr.) de dommages et intérêts et à un an de prison, comme coupable de diffamation envers la personne de Paul Ier; en 1810 le fameux Cobbett, condamné à 500 liv. ster. d'amende et à deux ans de prison, pour libelle contre l'honneur de l'armée anglaise; en 1811, Hunt, éditeur de l'*Examiner*, condamné à deux ans de prison et à 500 liv. ster. d'amende, comme convaincu de calomnies, de diffamations et d'outrages envers la personne du prince régent d'Angleterre; enfin en 1848, Mitchell et Muchin, journalistes irlandais, frappés, comme on l'a déjà vu, de quatorze ans de transportation, pour excitation à la révolte, appel aux armes et complicité insurrectionnelle.

C'est ainsi que depuis plus d'un siècle, la liberté de la presse anglaise reste debout, intacte, puissante et respectée au milieu des plus violentes tempêtes. Déchaînement des passions populaires, conspirations, complots, soulèvements à main armée, assassinats de ministres, outrages à la personne du roi et à la royauté, attaques contre les institutions du pays, rien n'a pu déterminer les Anglais à voiler une liberté sous l'égide de laquelle reposent toutes les autres. Est-il, cependant, en Europe une seule monarchie dont la stabilité et la puissance soient assises sur des bases plus solides? Un historien très-célèbre et très-monarchique disait autrefois : « La presse peut être illimitée sans « danger; il n'y a que la vérité de redoutable; le faux est impuissant; « plus il s'exagère, plus il s'use; il n'y a pas de gouvernement qui « ait péri par le mensonge (1). »

Telle est l'histoire bien sommaire, mais vraie, de la liberté de la presse en Angleterre. Il en ressort, ce nous semble, que, loin de vivre accroupie sous les rigueurs d'une législation séculaire et impitoyable, loin de se tenir à l'écart de certaines questions brûlantes sur l'ordre établi, loin de reculer avec une exquise modération devant tout ce qui touche aux dynasties régnantes et aux institutions de l'État, la presse anglaise ne reconnaît d'autres limites que le sanctuaire de la vie privée; que son action s'exerce partout où il y a des hommes et des actes publics à apprécier; que l'église, le roi, la loi, le peuple, tout l'ensemble des affaires du pays, rentrent dans sa juridiction incontestable et incontestée; qu'il n'est point de prince, de ministre, de fonctionnaire, de magistrat, de jury, dont les actes, les décisions, les verdicts de la veille ne soient le lendemain appréciés par elle, bien ou mal, et portés au tribunal de l'opinion; que les journaux anglais sont la pâture quotidienne de la nation, les artères qui distribuent le mouvement et la vie dans ce vaste corps; qu'il n'existe peut-être pas un hameau en Angleterre où un journal ne vienne chaque matin s'entretenir avec le peuple et lui porter en quelque sorte l'ordre du jour; qu'autant vaudrait se figurer une éclipse sans fin, que de se représenter le peuple anglais privé pendant qua-

(1) Thiers, *Histoire de la Révolution*, t. VIII, p. 183.

rante-huit heures des cinq cents journaux que lui apportent la vie intellectuelle ; que, considérée dans ses rapports avec l'action gouvernementale, la presse est aussi inséparablement incorporée à la politique de l'État qu'aux mœurs et aux besoins du peuple ; que, loin d'avoir à craindre pour son existence le choc des systèmes et des passions rivales, elle constitue la propriété la plus inviolable, et se repose dans le droit possessif avec autant de sécurité que le domaine foncier le plus liquide des Trois-Royaumes.

Pourquoi tout cela? Serait-ce parce que, les yeux constamment fixés sur le terrible arsenal de la législation anglaise, la presse ne blesse jamais les convenances politiques, sociales et religieuses? En vérité, il faut n'avoir observé que superficiellement les hommes et les choses de ce pays, pour émettre une opinion démentie par la paisible longévité des journaux les plus anarchiques qui se puissent imaginer, journaux dont le titre seul, tel que celui de l'*Atheist*, serait partout ailleurs un sujet de scandale et d'épouvante ; il faut aussi avoir oublié les doctrines impunément prêchées pendant de longues années par le *John-Bull*, l'*Irishman*, l'*Examiner* et tant d'autres.

La presse anglaise vit dans une sécurité profonde et offre partout les caractères de la puissance et de la durée, parce que la nation n'oublie point ce qu'elle lui doit. Et, en effet, c'est la liberté de la presse qui a fait tout le sort de l'Angleterre, en saturant les esprits d'idées de ilberté qui ne sont point dans les lois de ce pays, et en tenant coordonnés ensemble les éléments les plus hétérogènes, les plus discordants qui soient jamais entrés dans l'organisation politique et sociale d'un peuple. C'est la liberté de la presse et le jury qui ont seuls introduit l'idée démocratique dans le principe de l'État. Avec la liberté de la presse, le génie de l'Angleterre a enfanté des prodiges ; sans elle, il n'a produit que des résultats vulgaires ou sanglants. Aussi, que cette liberté soit jamais frappée d'interdit, ce qu'à Dieu ne plaise ! et le monde verra avec quelle facilité ressusciteront les abus qu'elle n'aura pas extirpés. « Les Anglais, dit Montesquieu, ont raison de conserver leur liberté ; s'ils venaient à la perdre, ils seraient un des peuples les plus esclaves de la terre. » Mais, il faut le reconnaître avec bonheur, si l'édifice de la grandeur britannique menace ruine sur quelques points, la liberté de la presse ne participe d'aucun de ces symptômes de lassitude et de décadence.

En France, au contraire, la liberté de la presse ne fut jamais que la fiction d'un grand principe. Tous les pouvoirs qui se sont succédé depuis soixante ans ont tracé autour d'elle un cercle qui l'étouffe et qui, en l'étouffant, la rend parfois factieuse. On la tolère de temps en temps, on la brutalise toujours, on l'opprime, et, quand elle gêne, on la tue. En d'autres termes, la presse n'a en France qu'une existence précaire, transitoire, changeant de fortune à chaque révolution, n'entrant que pour peu dans les ressorts du gouvernement, et ne faisant trop souvent que glisser sur les esprits. Voilà l'état respectif de la presse politique en Angleterre et en France ; là le dogme en pleine vigueur depuis un siècle et demi, ici le simulacre et la corruption depuis soixante ans.

C'est dans ces tristes conditions que la presse française est invitée à s'inspirer de l'exemple de l'Angleterre, à imiter sa sagesse et à renaître peu à peu à la vie politique jusqu'au moment où, les habitudes de libre discussion s'étant acclimatées en France, il sera peut-être possible de lui ôter les langes que la prudence et les incertitudes de l'avenir commandent de lui laisser encore.

Voilà donc l'infériorité de la France relativement à l'Angleterre officiellement constatée. Examinons cette question. Nous l'avons dit ailleurs que dans cet opuscule : la nation anglaise est une de celles qui honorent le plus l'humanité, et certes nous ne voulons point établir ici un parallèle injurieux à sa haute civilisation et à son patriotisme éclairé. Cependant nous avons beau fouiller dans son histoire, nous n'y trouvons rien, ni dans le passé ni dans le présent, qui implique à notre patrie une infériorité quelconque.

L'Angleterre a, sous quelques rapports, les avantages de l'antériorité. Mais dès que la carrière de la civilisation et de la liberté nous fut ouverte, la France franchit d'un bond tout l'espace que l'Angleterre avait mis des siècles à parcourir ; son éducation politique s'est faite en moins de temps qu'il n'en a fallu à nos voisins pour trouver les rudiments de la leur, et tous les progrès qui manquent encore à nos institutions sont depuis longtemps dans nos mœurs, dans nos besoins et dans nos vœux. Qu'est-ce donc, après tout, que cette constitution tant vantée, qu'on voit partout et qu'on ne saisit nulle part, dont on préconise l'esprit et dont il est impossible de connaître la lettre? Quels progrès a-t-elle fait depuis six cents ans? quels changements a-t-elle apportés dans l'existence civile et politique du peuple?

La grande charte de 1215, dont l'autorité est encore invoquée chaque jour en matière de droit constitutionnel, stipulait les trois grandes garanties dans lesquelles se résume aujourd'hui toute la constitution anglaise : l'*Habeas corpus* sous une autre dénomination, le jugement par jury et le vote de l'impôt par les représentants de la nation (*the common counsel of the kingdom*). Sans doute la grande charte a pris, comme toutes les institutions humaines, quelque chose des âges qu'elle a traversés. Mais, en définitive, à quoi six siècles de révolutions et de luttes sanglantes ont-ils conduits l'Angleterre? à changer de dynastie sans presque changer de principes ni d'institutions. Sous Henri VI, les libertés populaires rétrogradent; sous Henri VII, Marie, Élisabeth et Jacques Ier, elles ne font point un pas en avant; la révolution de 1688 n'est guère que la répétition de ce qui s'était passé lors de l'abdication de Richard II, et le bill des droits, accepté par Guillaume et Marie, ne contient rien qui n'eût figuré dans celui que Charles Ier accorda sur requête des lords et des communes. En résumé, la constitution britannique s'est frayé un long et pénible chemin à travers des événements toujours favorables au développement des libertés populaires. Néanmoins, tous les vieux abus aristocratiques dont la France s'affranchit en quatre ans, sont encore consacrés par les lois anglaises et défendus en quelque sorte par l'habitude et les mœurs. L'Angleterre parle avec orgueil de la perpétuité de ses parlements qui, dit-elle, ont survécu à tous les orages. C'est glorifier la consécration légale de la tyrannie qui opprima si longtemps ce pays, sous des formes républicaines. Oui, l'Angleterre avait une représentation nationale, des pairs, des députés, etc., lorsque le président des communes, à genoux devant le cardinal Wolsey, demandait ignominieusement pardon au ministre de Henri VIII. Elle avait une représentation nationale, lorsque les officiers de la couronne traînaient les élus du peuple en prison ou les faisaient juger par commission. Mais cette charte, ces pairs, ces députés, dociles exécuteurs des caprices et des cruautés de la couronne, constituaient le plus détestable des gouvernements : un faux gouvernement représentatif.

La réforme de 1832, due en grande partie à la réaction de la révolution française de Juillet, cette réforme exceptée, ainsi que quelques modifications économiques opérées ultérieurement, l'Angleterre est donc aujourd'hui dans les mêmes conditions politiques où elle se trouvait il y a cent cinquante ans. Allons toutefois au devant d'une objection possible. Mais, pourra-t-on nous dire, si la presse anglaise est aussi libre et aussi puissante que vous le prétendez, pourquoi ces conditions existent-elles encore de l'autre côté du détroit? C'est que la révolution anglaise fut faite par et pour l'aristocratie, et la révolution française par et pour le peuple. C'est que l'une eut pour origine des priviléges et des intérêts de caste blessés par les prérogatives de la royauté, et que l'autre naquit des droits méconnus, des intérêts et des profondes convictions de tout un peuple. C'est que les deux révolutions se sont organisées sur des principes opposés. Or, la puissance et la gloire de la presse anglaise consistent précisément à avoir entraîné les idées populaires en sens inverse de l'esprit de la constitution, et fait que ce gouvernement des vieux temps n'eut plus pour lui les vieilles mœurs. En perdant son passé, ce gouvernement gothique au milieu d'un peuple libre a-t-il assuré son avenir? c'est une question dont la Providence a seule le secret.

Du reste, l'action de la presse doit, elle aussi, s'approprier au caractère national, et peut-être a-t-elle produit en Angleterre tout ce que lui demandait le génie de ce peuple, une liberté de fait, une industrie perfectionnée, l'esprit d'association en toutes choses, des compagnies, des fabriques, des banques, des capitaux, etc. Ce qu'il y a de rassurant, c'est que, si la liberté anglaise ne sait pas faire des révolutions en trois jours, elle sait du moins garder ses conquêtes.

Quoi qu'il en soit, il n'est pas exact de dire que la France est placée au-dessous du niveau social et politique de l'Angleterre, et que c'est chez cette puissance que nous devons aller apprendre l'usage de la libre discussion. L'Angleterre et la France ont fait chacune, à un siècle de distance, leur grande révolution. Quels en ont été les résultats pour l'une et pour l'autre? Là est toute la question.

La révolution anglaise a fortifié le principe aristocratique et respecté ses usurpations. La révolution française a fait pénétrer le principe démocratique dans la loi, infusé l'égalité dans les âmes, et fait surgir du sol une génération entière d'hommes libres. La révolution anglaise a ravivé les souches nobiliaires, raffermi les priviléges féodaux, les substitutions, le droit d'aînesse, les monopoles et les dîmes; la révolution française a porté la hache au pied de toutes ces iniquités, qui ne sont plus pour nous qu'une matière à chronique. En Angleterre, le travail de la liberté a le plus souvent tourné les obstacles; en France, il les a abordés de front et vaincus. Enfin, la révolution anglaise a remué un royaume de médiocre étendue; la révolution française a labouré le monde. Or, s'il est vrai, comme l'affirme nous ne savons plus quel publiciste, que la Grande-Bretagne ait dit son dernier mot, l'idée d'une constitution normale dont la sienne serait le type éternel, serait la plus grande aberration de cette époque.

Que faut-il donc pour que la France ait beaucoup à offrir et rien à envier à l'Angleterre? il faut à la France la liberté de la presse, avec une loi qui lui garantisse la faculté de l'exercer. Cela obtenu, la fortune de notre patrie fera le reste.

Et maintenant revenons aux motifs allégués par M. le ministre de l'intérieur, pour ajourner l'émancipation légale de la presse périodique.

Peut-être cette liberté abuserait-elle de sa renaissance pour opposer au gouvernement nouveau tel autre gouvernement, à la dynastie telle autre dynastie, et, sans parler même d'un danger de ce genre, pour retarder la fusion de tous les partis dans la grande famille de l'État,— l'effacement absolu de tous les partis, dans un aussi vaste empire que la France et à la suite de trois grandes révolutions, est une chimère, un rêve généreux, mais irréalisable, ainsi que l'atteste l'histoire de tous les temps et de tous les peuples. Tout ce que l'on peut exiger des partis dissidents, c'est qu'ils sacrifient leurs préférences à leurs devoirs envers la patrie. C'est aussi ce qu'un gouvernement national et juste finit toujours par obtenir, quels que soient son nom et son origine. Quant aux prétendants royaux, le moment nous paraît assez mal choisi pour concevoir des craintes à leur égard. Lorsque, durant un siècle et plus, les Stuarts allaient périodiquement redemander leur couronne à la maison de Hanovre, lorsqu'ils acceptaient les batailles de La Boyne ou de Culloden, c'était un prince qui voulait en détrôner un autre; aujourd'hui ce serait un prince déchu qui tenterait de découronner un peuple souverain, et l'on sait si les peuples d'aujourd'hui sont disposés à se laisser découronner. Les seuls prétendants sérieux sont ceux qui prétendent à l'adoption et à l'estime des peuples. Le droit divin luttant de vive force contre le suffrage universel, au milieu de la régénération de l'Europe... Quelle idée! Vraiment les suppositions de M. le ministre de l'intérieur font trop d'honneur à la fortune des prétendants actuels. Dans tous les cas, quels seraient les hommes pratiques, de quelque parti qu'ils soient, qui voudraient s'attacher à la roue d'une telle fortune? Passons.

L'affranchissement immédiat de la pensée politique ranimerait les préventions et les haines de l'opinion contre la liberté de la presse; il alarmerait de nouveau les existences timides, les intérêts peureux, et susciterait des embarras au pouvoir, sans profiter à la presse elle-même. Il faut laisser à l'opinion, encore irritée, le temps de s'habituer aux ébullitions et aux lumières qui jailliront graduellement des conditions meilleures qu'on vient de faire à la presse. Telle est sinon l'expression littérale du moins le sens de la circulaire ministérielle, remarquable d'ailleurs par son urbanité et sa courtoisie envers les écrivains auxquels elle s'adresse. Cette question est plus importante que celle des prétendants dynastiques, et mérite qu'on s'y arrête.

D'abord, qui vous dit que la presse, convaincue que ses ardeurs emportées du bien public et ses effervescences quelquefois ingouvernables, sont pour beaucoup dans les antipathies dont elle a été, dont elle est peut-être encore l'objet, ne comprendrait pas que, rendue à la liberté, son premier devoir, comme son premier intérêt, seraient d'en user avec une noble fermeté, mais avec prudence. La presse est trop intelligente pour se dissimuler que les conditions essentielles de son influence sur les esprits et de son action sur les affaires du pays, sont désormais le souci de sa dignité, l'énergie, la modération et la franchise de sa polémique. Dix années de malheur n'ont assurément altéré aucune conviction sincère, ébranlé aucune conscience pure : l'attitude des écrivains patriotes au milieu de tant de disgraces et de douleurs, en est la preuve irrécusable. Cependant il est impossible que ces dix années n'aient pas mûri les esprits et redressé quelques erreurs. Après tout, que demandons-nous pour la presse? l'impunité? pas le moins du monde, mais une liberté affranchie de l'arbitraire administratif, une liberté subordonnée à une loi aussi rigoureusement répressive qu'on la voudra faire, une liberté justiciable des tribunaux ordinaires. Or, est-il présumable que la presse, ainsi avertie, irait se briser follement contre une telle digue?

Quant à l'opinion publique, quels sont les ennemis-nés, les ennemis naturels et presque obligés de la liberté de la presse ? Ce sont les intérêts peureux qui, quelles que soient d'ailleurs leurs tendances politiques, ont pour principe invariable de sacrifier la règle morale et le bien public à leur intérêt particulier; le patriotisme agioteur qui, si bien disposé qu'il soit en temps ordinaire, se décompose à la première crise; les hommes qui, ne comprenant pas que tout intérêt exclusif n'est point un intérêt national, un intérêt d'avenir, obéissent à une conception fausse et toute matérielle de la société; ceux qui détestent la presse parce qu'ils ne sont pas à l'épreuve de son examen ; ceux qui sont trop peu éclairés pour comprendre et désirer un régime libéral; ceux dont la profession est de désavouer leurs principes et leurs attachements, d'épier les révolutions prochaines, d'apporter, comme les Mages, le tribut de leur vénalité à toute étoile qui pointe à l'horizon, et d'étaler le mépris qu'ils sentent pour eux-mêmes en diffamant la presse qui les nourrit; les ignorants présomptueux dont les injures et les dédains reviennent de droit à tout ce qui pense ; les honnêtes bourgeois, les paisibles rentiers qui seraient assez enclins à aimer la liberté de la presse, pourvu qu'elle ne gênât en rien la quiétude de leur foyer et qu'elle partageât leurs habitudes de famille; les femmes qui la détestent parce qu'elle vit de mouvement, fait du bruit autour d'elle, contrarie leurs goûts aristocratiques, et dérange leur vie de sentiment, d'élégance et de luxe ; enfin les vieillards valétudinaires, que les émotions fatiguent et qui s'essayent à l'éternel repos. Toute cette catégorie est plus ou moins convaincue, avec Rivarol, que la liberté de la presse est la seule plaie dont Moïse ait oublié de frapper l'Égypte. Dans la pensée de ces braves gens, disait Royer-Collard, il y eut imprudence, au grand jour de la création, de laisser échapper l'homme libre et intelligent au milieu de l'univers. Aussi, survient-il un article de journal taxé de violence, un procès de presse contre tel ou tel véhémentement soupçonné d'aimer la liberté? la peur se passionne, s'exalte et se dresse hardiment contre l'ennemi commun. Les barbares pullulent au fond de la société, les niveleurs, les massues, les échafauds sont à nos portes, les terroristes promènent déjà autour de nous leurs appétits de sang. L'infortuné journal est taxé d'infamie, et, s'il n'est pas averti, suspendu, supprimé *hic et nunc*, on quittera la France.

Ces clameurs insensées, ces frayeurs de convention circulent, grossissent, se propagent, servent de thème à toutes les indignations de salon, de boudoir et de boutique. Et alors l'opinion, déjà mal disposée, voit tout en noir, s'échauffe et s'irrite sur la foi des ennemis systématiques de la presse. Qui osera la redresser? personne, et, ne pouvant être contredite, elle aura toujours raison. On l'a dit avant nous, les mystères de l'opinion échappent à toutes les théories et ne peuvent être soumis à aucun calcul. Oh! si ses esclaves voulaient se donner la peine d'étudier la chronologie de ses variations et ses inconstances... quel enseignement et quelle consolation pour eux!

Il faut donc distinguer entre l'opinion maladive, volubile, capricieuse, acceptant, subissant toutes les impressions, jetant aujourd'hui aux gémonies ce que hier elle adorait, susceptible de tous les mouvements précipités et de tous les retours soudains, qui font au surplus la vie des peuples; il faut, disons-nous, distinguer entre cette opinion et le sentiment public. Celui-ci n'obéit pas à toutes les impulsions qu'on veut lui imprimer, il ne méprise pas le soir ce qu'il estimait le matin; il ne se laisse pas séduire par des intrigants, attendrir par des lamentations intéressées, ni effrayer par des terreurs stupides. Le sentiment public, c'est la droite raison, la loi naturelle, l'éternelle justice, et, s'il cède un instant aux obsessions de l'opinion, il revient toujours à la vérité, alors même qu'il hésite à l'avouer. Le sentiment public, c'est la France livrée à elle-même, c'est-à-dire aux instincts de générosité et de grandeur qu'elle porte toujours dans son sein.

Eh bien ! nous le disons avec une profonde conviction, le sentiment public ne partage point les préventions et les susceptibilités de l'opinion contre la liberté de la presse. Quand il la voit s'égarant, il approuve les mesures prises pour la ramener au calme et à la subordination, mais il souffre de ses souffrances et s'effraye de ses dangers chaque fois qu'il la croit opprimée, parce qu'il lui tient compte des grands services qu'elle a rendus et qu'elle doit rendre encore à la civilisation. En d'autres termes le sentiment public tient plus encore à la liberté de la presse dans l'ordre constitutionnel, dût cette liberté produire quelques émotions généreuses, qu'au repos matériel et muet sous le pouvoir absolu.

La preuve des tendances du sentiment public ressort de la constance avec laquelle il porte ses sympathies et son appui aux organes de la publicité qui savent à la fois repousser l'anarchie et appeler la liberté. Quand on voit tels journaux s'adresser chaque matin à trente, quarante ou cinquante mille abonnés, et causer avec des millions de citoyens, on peut dire avec certitude que ces journaux se trouvent dans le courant, non pas peut-être de ce qu'on appelle abusivement l'opinion, mais dans le courant réel du sentiment public. Enfin nous pouvons affirmer à M. le ministre de l'intérieur, que le sentiment public verrait sans aucune espèce d'inquiétude la presse périodique délivrée du régime des avertissements et rendue au droit commun.

Cela étant, il nous reste à examiner si le maintien de ce régime, réduit même aux proportions que lui assigne la circulaire ministérielle, est de nature à produire les effets qu'on en attend.

Que s'est-on proposé en libéralisant, par la pratique, le décret du 27 février? Sans doute de retremper, dans une certaine mesure, l'énergie affaissée de la presse politique, de raviver son action sur les esprits et d'utiliser son concours dans les circonstances extraordinaires où la France se trouve actuellement placée au dedans et au dehors. On veut, paraît-il, relever l'ascendant intellectuel comme on a relevé l'ascendant militaire : en préparant les soldats de la pensée aux luttes de l'intelligence, comme, avant les guerres de Crimée et d'Italie, on préparait les soldats de l'armée aux luttes de la force. Très-bien, car il est des moments dans la vie des peuples, où le patriotisme des premiers n'est pas moins nécessaire au salut commun que l'héroïsme des seconds. Mais, à ce double point de vue, la situation offerte aux écrivains politiques suffit-elle pour les élever et les maintenir à la hauteur du rôle auquel on semble les convier?

C'est vous qui l'avez dit : même avec les amendements apportés à la législation exceptionnelle dont vous restez armé, il est difficile de savoir où s'arrête la liberté et où commence la licence, c'est-à-dire où finit la sécurité de l'écrivain et où naît le péril. Cependant si, dans cette cruelle incertitude, il reste en deçà de la ligne, votre but est manqué ; s'il la dépasse, l'écrivain est compromis, perdu peut-être, ainsi que les intérêts matériels dont le sort lui est confié. Plus que cela : la liberté de la presse, à laquelle ses ennemis éternels reprocheront alors son ingratitude et son incorrigibilité, sera refoulée de nouveau, jetée aux railleries de la foule, sans inspirer peut-être les sympathies et les regrets qui naguère la consolaient de son asservissement absolu. Or, en présence de cet inconnu formidable, que fera l'écrivain politique auquel vous demandez de l'élan et de l'enthousiasme, sans pouvoir vous-même mesurer l'un, ni régler l'autre? Il sera, comme par le passé, assidu à se contraindre, à farder ses expressions sans trop déguiser sa pensée, à suppléer les teintes vraies et mâles de la conviction par les couleurs apprêtées et fades de l'esprit. Ballotté entre l'amour de la liberté qui le sollicite, et le souci de sa conservation qui le retient, il ne satisfera ni l'un, ni l'autre ; il laissera à l'écart les questions qui lui paraîtront délicates ; il continuera de s'énerver et de s'étioler dans un labeur dur, ingrat, avilissant ; et, au lieu de produire cet épanouissement d'opinions contraires, de jugements opposés, de lumières et de nuances diverses dont vous voulez entourer votre politique nouvelle, il ne vous procurera que des résultats infimes : une confusion de principes, d'idées et de formes, une admiration niaise ou une critique embarrassée, quelque chose d'usé, sans verve, sans originalité et sans autorité. Il ne parlera pas, il balbutiera la grande langue de la politique et de la liberté ; car sans la liberté vraie, si habile que soit la presse, elle ne peut rien faire naître, rien susciter, rien exalter, rien ennoblir.

Laissez-moi vous rappeler un fait historique, qui résume exactement la situation actuelle des écrivains par rapport au pouvoir. Napoléon Ier s'étant plaint de la stagnation des lettres en général et particulièrement de la stérilité des auteurs tragiques, un homme célèbre dans la politique et dans la littérature, Marie Chénier, lui en expliqua la cause en ces termes consignés dans un livre officiel :

« Écrire en ayant peur de soi, reculer devant sa pensée, chercher « non ce qu'il y a de mieux, mais ce qu'il y a de plus sûr à dire, tra- « vailler pour expliquer faiblement ce qu'on a conçu avec force ; après « tout cela redouter encore et les obstacles certains et les délations « probables, au moins de la part de ces écrivains subalternes qui « nuiraient gratuitement quand ils ne nuiraient pas pour vivre, c'est « un tourment qu'il est impossible de supporter longtemps, et le silence « absolu vaut mieux. Dans cet état de choses les talents se tairaient ; il « y aurait toujours assez d'ouvrages, mais des ouvrages d'écoliers ; le « théâtre serait sans éclat, mais ce ne serait pas à la véritable littéra- « ture qu'il faudrait imputer cette décadence. Le cercle des idées ne « sera jamais trop étroit pour la médiocrité, ni trop étendu pour le « génie. Des esprits timides interdiront-ils à la tragédie les grands « intérêts et les passions politiques ; à la comédie le droit d'apercevoir « et de peindre les travers de la ville et de la cour ? Si le théâtre, sous « Louis XIV, n'avait pas joui de la liberté qui lui était nécessaire, « nous aurions Campistron et Dancourt, mais nous n'aurions pas « Corneille et Molière. Telles sont les réflexions que nous croyons « devoir énoncer avec une respectueuse confiance. Il n'est pas de « genre d'écrire auquel on ne puisse les appliquer. »

Qu'on veuille bien nous en croire, l'apathie des intelligences, l'indifférence de l'intérêt politique et le culte exclusif des intérêts matériels sont aujourd'hui plus à redouter que les passions et les égarements de la presse. La corruption des mœurs est plus à combattre que celle des doctrines. C'est un virus qui infecte toute l'économie du corps social, et qui abaisse rapidement le niveau de l'intelligence nationale. Il n'est pas aisé, même en France, de faire revivre des enthousiasmes trop longtemps refoulés et refroidis. Les passions engourdies dans la crainte et le silence ont de la peine à croire à leur indépendance et à reprendre leur essor. Et quand vient le jour des grandes épreuves et des grandes nécessités, il se trouve que l'éducation prolongée du pouvoir absolu a produit de tristes effets sur les âmes et sur les dévouements. C'est alors l'heure des mécomptes, des regrets et des chutes colossales. Ceci n'est pas une supposition, c'est un fait qui ne date ni d'hier, ni d'aujourd'hui, mais de tous les temps.

La France traverse deux phases critiques : son passage laborieux de l'état dictatorial au régime constitutionnel, sa généreuse participation au réveil des nationalités étrangères et à l'accomplissement de leurs nouvelles destinées. A l'intérieur et à l'extérieur, la France travaille à résoudre d'immenses problèmes, qui peuvent cacher un inconnu redoutable et des solutions inattendues. Or, ce n'est jamais sans appeler sur soi des rancunes implacables et des haines inextinguibles, qu'on s'avise de gagner ici ou là les grandes batailles de l'indépendance ou de la liberté. Les oppresseurs vaincus fléchissent et transigent quelquefois sous l'empire de la nécessité, ils ne pardonnent et ne désespèrent jamais. Il n'y a que les principes et les intérêts semblables qui puissent s'assimiler, les contraires se rapprochent, mais ne s'assimilent pas.

Cependant la fortune ne reste point toujours fidèle à la raison, à la justice et au droit. Si donc un revers sérieux venait malheureusement à atteindre vous ou vos alliés, aussitôt, en deçà comme au delà des frontières, bien des masques tombent, bien des hypocrisies et des haines latentes se trahissent..... Cela mérite réflexion.

Enfin, et ce n'est pas nous qui venons de l'écrire, « à aucune époque « l'Europe ne s'est sentie plus menacée par un cataclysme comparable « à celui qui doit sortir avant quatre mois de l'état de l'Italie. Si la « guerre éclate, la France, l'Allemagne, la Russie et peut-être l'Angle- « terre seront entraînées à y prendre part ; ce sera une conflagration « générale (1). »

(1) Extrait de la brochure intitulée : *L'Empereur François-Joseph et l'Europe.*

Le ciel est donc chargé d'électricité. C'est aujourd'hui ou jamais le moment de rallier à soi toutes les forces vives de la patrie, tant dans son intérêt propre que dans celui des nationalités pour lesquelles elle a déjà répandu tant de sang et d'or. La presse étant une de ces forces vives et très-vives, le véritable langage à tenir à l'égard des journaux était, selon nous, de leur dire :

« La dictature et ses nécessités n'existent plus. La chaîne interrompue par la fatalité des événements est renouée ; la France rentre en possession de son principe général et de ses libertés constitutionnelles. Vous-mêmes, vous êtes rendus à votre dignité naturelle, à vos droits légitimes, à la commune liberté ; désormais vous n'avez à subir d'autre domination que celle de la loi, d'autre justice que celle de vos pairs. Le jury étant le pays, c'est le pays qui prononcera sur votre sort, mais le pays compte avant tout sur votre patriotisme. La liberté humaine, l'indépendance des peuples, l'ordre social, la morale, la religion, toutes les choses honnêtes sont dans le progrès du temps. Défendez-les librement, et ne craignez que vous-même. Quand le talent et la liberté s'unissent à la gloire et à la force pour atteindre un même but, rien ne peut leur résister : la France sera libre et l'Italie indépendante. »

Quelles sont les douleurs de l'exil, les ressentiments des injustices subies, des existences brisées, qui ne se seraient pas sentis ébranlés, vaincus peut-être, par la perspective d'un tel avenir? Qui sait si, le cas échéant, chaque citoyen, réservant ses principes, sa foi et sa physionomie propre, ne cesserait pas d'être royaliste, impérialiste ou républicain pour n'être plus que Français ; si toutes les opinions sincères ne viendraient pas se confondre dans le besoin de restituer la liberté à la France et de consommer la régénération de l'Europe ?

En dernière analyse, la liberté de la presse et la résurrection des nationalités, sont-elles choses si nouvelles qu'il faille encore en différer la réalisation.

La liberté de la presse?... il y a plus de quarante ans que le prisonnier de Sainte-Hélène, tout en cherchant à justifier sa dictature personnelle, disait à ses compagnons de captivité : « Les temps sont « changés ; mon fils sera obligé de régner avec la liberté de la presse ;

« c'est aujourd'hui une nécessité. Il ne s'agit plus, pour gouverner, de « suivre une théorie plus ou moins bonne, mais de bâtir avec les ma- « tériaux qu'on a sous la main. »

La renaissance des nationalités opprimées?... Du haut de son rocher, Napoléon proclamait l'ère prochaine de la régénération européenne, et il ajoutait : « Le premier souverain qui, à la première « grande mêlée, embrassera de bonne foi la cause des peuples, se « trouvera à la tête de l'Europe et fera ce qu'il voudra... Alors, peut- « être, disait aussi Napoléon, à la faveur des lumières universellement « répandues, serait-il permis de rêver, pour la grande famille eu- « ropéenne, l'application du congrès américain ou celle des am- « phictyons de la Grèce... Quel grand et magnifique spectacle (1) ! »

L'avenir a ses mystères, comme la foi.

(1) *Mémorial de Sainte-Hélène*, tome VIII.

FIN.

www.ingramcontent.com/pod-product-compliance
Ingram Content Group UK Ltd.
Pitfield, Milton Keynes, MK11 3LW, UK
UKHW012305240726
13966UKWH00004B/1638

9 782012 465947